Fluõ | Travel

MARBELLA

SPAIN

MINI SURVIVAL GUIDE

Marbella: Mini Survival Guide
By Jan Hayes

Copyright © 2018, Jan Hayes. All rights reserved.
Edited and published by Fluo | Travel.

First Edition: May 2018

Scale / 1:7500

| ▬▬▬▬▬ 100m
| ▬▬▬▬▬▬▬ 500ft

Cover artwork inspired by a work by TomasFano(https://commons.wikimedia.org/wiki/File:Marbella3.jpg),https://creativecommons.org/licenses/by-sa/2.0/legalcode

Contains open data, licensed under the Open Data Commons Open Database License (ODbL) by the OpenStreetMap Foundation - © OpenStreetMap contributors.

While the publisher and the authors have used good faith efforts to ensure that the information and instructions contained in this work are accurate, the publisher and the authors disclaim all responsibility for errors or omissions, including without limitation responsibility for damages resulting from the use of or reliance on this work. Use of the information and instructions contained in this work is at your own risk.

No part of this book may be reproduced or utilized in any form or by any means, electronic or mechanical, including photocopying, recording, or by any information storage and retrieval system, without permission in writing from the author.

Contents

At a Glance	**1**
Points of Interest	**3**
Accommodation	3
Hotels	3
Eat & Drink	3
Bars	3
Cafes	3
Restaurants	3
Education	4
Entertainment	4
Theatre	4
Finance	4
Atms	4
Banks	4
Health	4
Clinics	4
Dentists	4
Pharmacies	4
Shops & Services	5
Police	5
Post offices	5
Supermarkets	5
Tourism	5
Attractions	5
Information	5
Religious	5
Transport	5
Car rentals	5
Fuel stations	5
Map	**7**
Phrasebook	**19**
Basics	19
Problems	20
Numbers	20
Days	21
Months	22
Colors	23
Lodging	23
Moving around	23
Eating	24
Shopping	24

i

At a Glance

Country	Spain
Region	Andalusia
Native Name	Marbella
Established	Antiquity
Language	Spanish
Currency	Euro (EUR)
Plug Type	C, F (230V)
Driving	Right-hand
Population	140,473
Area	114.3 sq.kms
Postal Code	29600-29603
Area Code	+(34)95
Timezone	CET (+1)
Timezone DST	CEST (+2)

Points of Interest

ACCOMMODATION

 HOTELS

HOTEL LA MORADA MAS HERMOSA ▷ 16 Calle Montenebros 14 • **Hotel Don Miguel** ▷ 11 Calle Padre Paco Ostos 25 • **Hotel San Cristóbal** ▷ 16 Avenida de Ramón y Cajal 3 ☎ +34 952 77 12 50 • **Hotel Senator Marbella Spa** ★ ★ ★ ★ ▷ 15 Av. Bulevar Príncipe Alfonso de Hohenlohe 97 • **Princesa Playa** ▷ 16 Calle Antonio Montero Sánchez 361

EAT & DRINK

 BARS

Cervecería La espumosa ▷ 16 Calle Mendoza 9 • **Irish Pub** ▷ 15 Av. Arias Maldonado 16 • **La Cuisine** ▷ 16 Plaza Puente de Ronda 3 • **La Taberna** (*spanish*) ▷ 16 avenida de nabeul 19 • **Pup DCCO** ▷ 15 Calle Ortega y Gasset 7 • **Trocadero Beach Bar** ▷ 14 Urb. Santa Margarita 2 • **Vina del Mar** ▷ 15 Av. Ricardo Soriano 56

 CAFES

CAFE SIMONE (*Desayunos y Tapas*) ▷ 16 Av. Mercado 8-12 • **Cafe Mercado** ▷ 15 Calle Camilo José Cela 15 • **Cafeteria Tulipan** ▷ 15 Av. Ricardo Soriano 58 • **Cafetería La Canasta** ▷ 16 Av. Miguel Cano 4 • **Cafetería Sarria** ▷ 12 Calle José Iturbi 15 • **Churrería Generalife** ▷ 17 Av. General López Domínguez 20 • **Friûl** (*ice cream*) ▷ 16 Av. Duque de Ahumada 16 • **Heladeria LA VALENCIANA** (*ice cream*) ▷ 16 Av. Duque de Ahumada 15 • **Oasis** ▷ 16 Av. Duque de Ahumada 16 • **Semarango** ▷ 15 Calle Ramón Gómez de la Serna 10 • **The Cafe II American Bistro** (*american, burger, breakfast, spanish*) ▷ 16 Av. Miguel Cano 24

 RESTAURANTS

AL VINO, VINO! GASTRO BAR (*ESPAÑOLA*) ▷ 16 Plaza Santo Cristo 6-2 • **Abastos & Viandas Mercado Gourmet** (*spanish, italian, ice cream, asian*) ▷ 16 Avenida de Ricardo Soriano 19 • **Altamirano** (*fish*) ▷ 16 Plaza Altamirano 3 ☎ +34952 82 49 32 • **Avalon Gourmet** ▷ 16 Avenida del Duque de Ahumada 30 ☎ +34 952 77 09 33 • **Blue Palm** (*british*) ▷ 15 Paseo Marítimo 6 ☎ +34 952 778 248 • **Bodegas La Venecia** (*spanish, mediterranean, tapas*) ▷ 16 Calle Jacinto Benavente 5 • **Burger Gourmet** (*burger*) ▷ 16 Av. Antonio Belón 18 • **Calima** ▷ 15 Via Hotel Don Pepe 2 ☎ +34952764252 • **Candilejas** (*regional*) ▷ 16 Av. Duque de Ahumada 16 • **Da Bruno sul Mare** (*italian*) ▷ 15 Av. Arias Maldonado 16 ☎ +34 952 90 33 18 • **Del Conde** (*regional*) ▷ 16 Av. del Mar, Avenida 16 ☎ +34 952771057 • **El Pasaje** (*regional*) ▷ 16 Calle Pasaje 3 ☎ +34 952771261 • **Garum** ▷ 15 Paseo Marítimo 3 ☎ +34 952 858 858 • **Gioia** (*vegan, vegetarian*) ▷ 14 Calle Velazquez 1 ☎ +34630441834 • **La Barca** (*mediterranean*) ▷ 16 Avenida Duque de Ahumada 15 ☎ 952824459 • **La Lonja** (*spanish, seafood, mediterranean*) ▷ 16 Avd. Miguel Cano 1 ☎ +34 952 86 55 32 • **Lekune** (*regional*) ▷ 15 Calle Ramón Gómez de la Serna

22 • **Manuka** (*vegan, vegetarian, burger*) ▷ 15 Paseo Marítimo 6A • **Padthaiwok** (*burger, thai*) ▷ 16 Calle Félix Rodríguez de la Fuente 2 • **Paella's y más** (*mediterranean, regional*) ▷ 15 calle Hermanos Salom 3 ☎ 952822511 • **Peperone** (*italian*) ▷ 15 Calle Ortega y Gasset 6 • **Rest Antonio Chacon** (*spanish*) ▷ 16 Av. Antonio Belón 26 • **Taberna El Bordón Marbella** (*spanish*) ▷ 16 Calle Pataleon 5 - 7 • **The Boardwalk** ▷ 15 Paseo Marítimo 2 ☎ +34 952 864 736 • **Top Jamon** (*spanish, tapas*) ▷ 16 Calle Ancha 21 • **Villa Tiberio** (*regional*) ▷ 14 Urb. Santa Petronila 126

Av. Ricardo Soriano 58 • **Bankinter** ▷ 15 Av. Ricardo Soriano 56 • **Caja España** ▷ 16 Calle Llano San Ramón 2 • **Caja rural de granada** ▷ 15 Calle Ortega y Gasset 1 • **Carrefour Express** ▷ 15 Av. Ricardo Soriano 48 • **Deutsche Bank** ▷ 16 Av. Ricardo Soriano 34 • **La Caixa** ▷ 15 Av. Ricardo Soriano 58 • **Sabadell-Solbank** ▷ 15 Calle Ramón Gómez de la Serna 23 • **Santander** ▷ 11 Camino del Trapiche 25 — 16 Av. Ramón y Cajal 9 • **Unicaja Banco** ▷ 16 Av. Ramón y Cajal 21 — 16 Av. Ricardo Soriano 29

EDUCATION

HEALTH

ENTERTAINMENT

 CLINICS

Cruz Roja ▷ 12 Calle Javier Arraiza 11

 THEATRE

 DENTISTS

Teatro Municipal ▷ 17 Av. Severo Ochoa 4

COIMAR ▷ 15 Calle Ramón Gómez de la Serna 20

FINANCE

 PHARMACIES

 ATMS

Servired ▷ 16 Av. Ricardo Soriano 33

Berdaguer ▷ 16 Av. Ricardo Soriano 4 • **Farmacia Central** ▷ 15 Calle Camilo José Cela 13 • **Farmacia Espejo** ▷ 16 Calle Mesoncillo 4 • **Farmacia Gálvez** ▷ 17 Av. General López Domínguez 22 • **Farmacia Ldo. Sánchez García** ▷ 12 Calle José Iturbi 10

 BANKS

BBVA ▷ 16 Plaza África 1 — 16 N-340 13 • **Banco Espírito Santo** ▷ 15

SHOPS & SERVICES

 POLICE

Comisaria Policìa Local ▷ 17 Calle Juan de la Cierva 12 • **Cuartel Guardia Civil Marbella** ▷ 16 Plaza de Leganitos 3 • **Guardia Civil de Tráfico Marbella** ▷ 11 Calle Boquerón 29 • **Policía Nacional Marbella** ▷ 11 Av. Arias de Velasco 31

 POST OFFICES

Oficina de Correos ▷ 16 Calle Jacinto Benavente 14

 SUPERMARKETS

Bio Market ▷ 15 Av. Ricardo Soriano 49 • **Carrefour Express** ▷ 15 Av. Ricardo Soriano 48 • **DIA** ▷ 11 Av. Mayorazgo 27 • **La Canada Parque Comercial Marbella Main Entrance** ▷ 12 N-340 127 • **Mercadona** ▷ 12 Calle Pedro de Villandrado 2 — 15 Av. Ricardo Soriano 72 • **OpenCor** ▷ 15 Calle Ramón Gómez de la Serna 22 • **Super Mercado Asia** ▷ 15 Av. Arias Maldonado 1 • **Super Sol** ▷ 14 Av. Bulevar Príncipe Alfonso de Hohenlohe 42 • **Supercor** ▷ 15 Calle Camilo José Cela 17 • **Supermercado** ▷ 15 Calle Ramón Gómez de la Serna 2

TOURISM

 ATTRACTIONS

Balcón de la Virgen de los Dolores ▷ 16 Calle Remedios 6 • **Busto Juan Carlos I** ▷ 16 Plaza de los Naranjos 10 • **Casa del Corregidor** ▷ 16 Plaza de los Naranjos 5 • **Fuente** ▷ 16 Caridad 6 — 16 Nueva 1 — 16 Calle Enrique del Castillo 6 — 16 Plaza Santo Cristo 6-2 • **Fuente de las ranas** ▷ 16 Plaza de la Victoria 5 • **Oficina de Turismo** ▷ 16 Plaza de los Naranjos 2

 INFORMATION

PR-A169 ▷ 11 Calle Cementerio 5 • **Playa de Casablanca** ▷ 14 Paseo Marítimo 6a • **Playa de la Fontanilla** ▷ 15 Paseo Marítimo 6A

 RELIGIOUS

Capilla ▷ 16 Calle Alcantarilla 4 • **Capilla Virgen del Pilar** ▷ 11 Calle Reino de Aragón 2 • **Capilla de San Juan de Dios** ▷ 16 Calle Misericordia 2 • **Crematorio Marbella** ▷ 11 Urb. Lomas Bellas 23

TRANSPORT

 CAR RENTALS

Europcar ▷ 16 Av. Ricardo Soriano 38 • **Hertz** ▷ 15 Av. Arias Maldonado 4

 FUEL STATIONS

29-548 ▷ 17 Pol. Ind. la Ermita 190B • **BP ARCO MARBELLA** ▷ 18 Arroyo Segundo 1D • **BP MARBELLA** ▷ 14 Carretera Cadiz 29 • **BP OJEN** ▷ 12 Diseminado Poligono 08 11 • **CEPSA** ▷ 17 AVENIDA SEVERO OCHOA 55 • **El Rocio de Naguelles** ▷ 14 Av. Bulevar Príncipe Alfonso de Hohenlohe 30 • **Galp** ▷ 15 Avenida Ricardo Soriano 51 • **REPSOL** ▷ 12 Urbanizacion Buenavista F-1 25

Points of Interest

Map

Map Overview

	Archaeological site		Information
	Artwork		Jewish synagogue
	Atm		Kiosk
	Bar		Library
	Bicycle rental		Lighthouse
	Biergarten		Memorial
	Buddhist temple		Monument
	Bus station		Museum
	Bus stop		Muslim mosque
	Cafe		Parking
	Camping site		Peak
	Car rental		Pharmacy
	Cave entrance		Picnic site
	Chalet		Playground
	Church / Monastery		Police
	Cinema		Post office
	Courthouse		Prison
	Department store		Pub
	Drinking water		Railway
	Dry cleaning		Restaurant
	Embassy		Shinto temple
	Fast food		Sikh temple
	Ferry terminal		Sports centre
	Fire station		Supermarket
	Fountain		Taxi
	Fuel		Telephone
	Golf course		Theatre
	Hindu temple		Toilets
	Hospital		Townhall
	Hostel		Traffic signals
	Hotel		Windmill

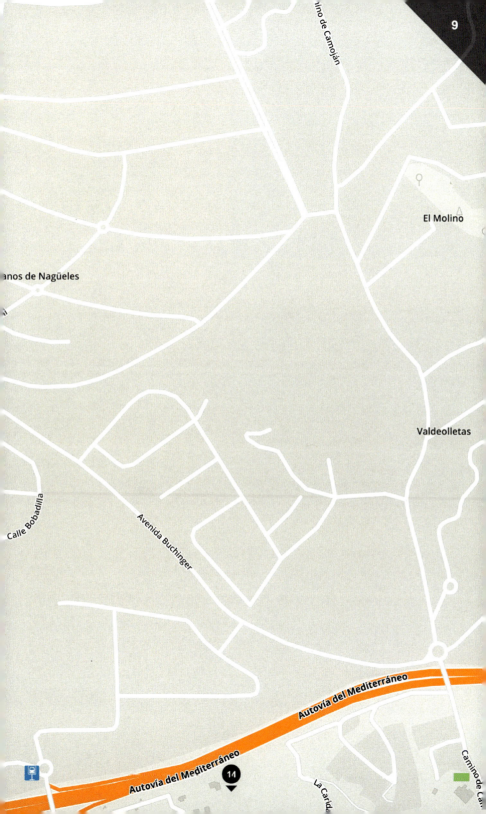

12

Loma del Palomar

Loma de Viña Peñón

Loma del Cable

Autovía del Mediterráneo

Autopista del Mediterráneo
Autovía del Mediterráneo
Autovía del Mediterráneo

calle Príncipe de Vergara

calle Salduba

calle Felipe II

Calle Fray Agustín de San Pascual

Calle Antonio Lizarra

Calle Alfredo Palma

Calle Jacaranda Tamarindo

17 Parque José Rodríguez Santos

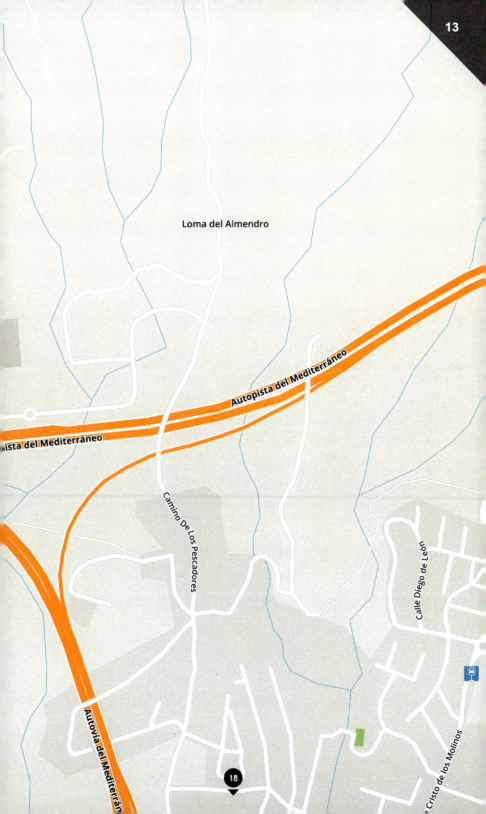

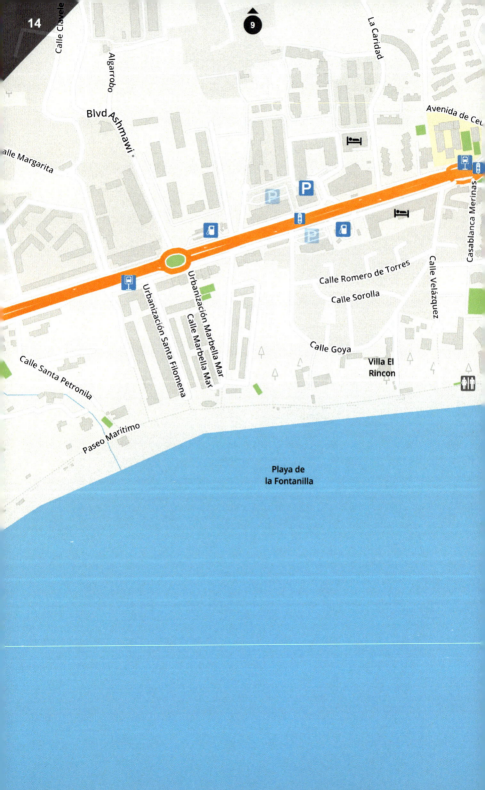

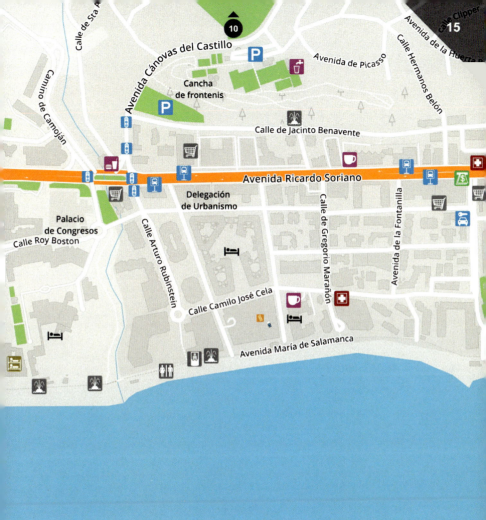

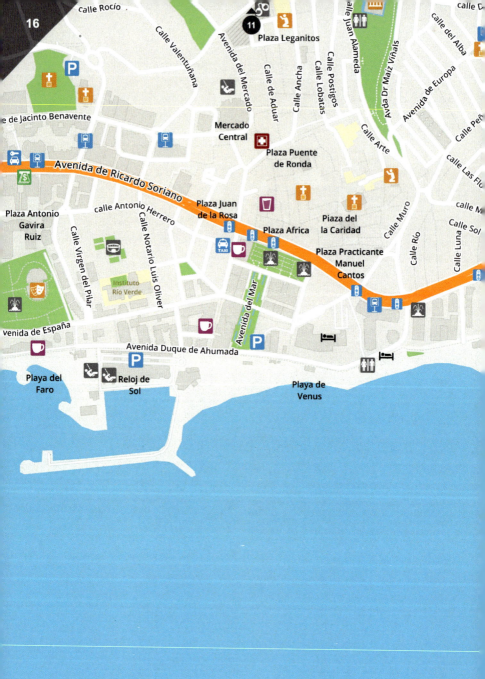

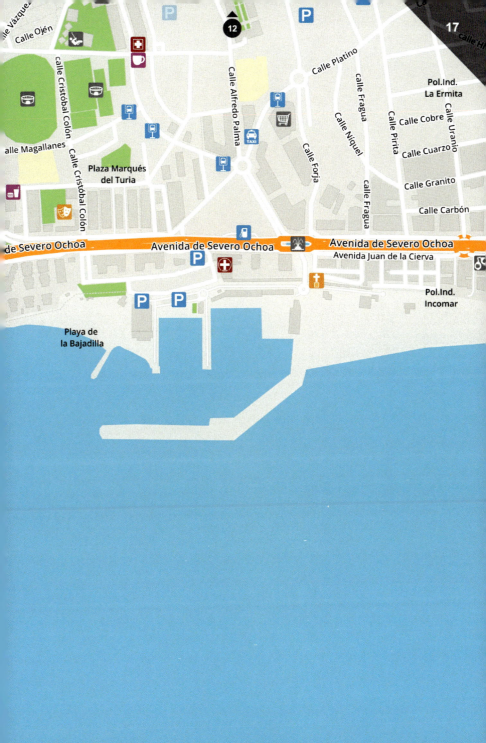

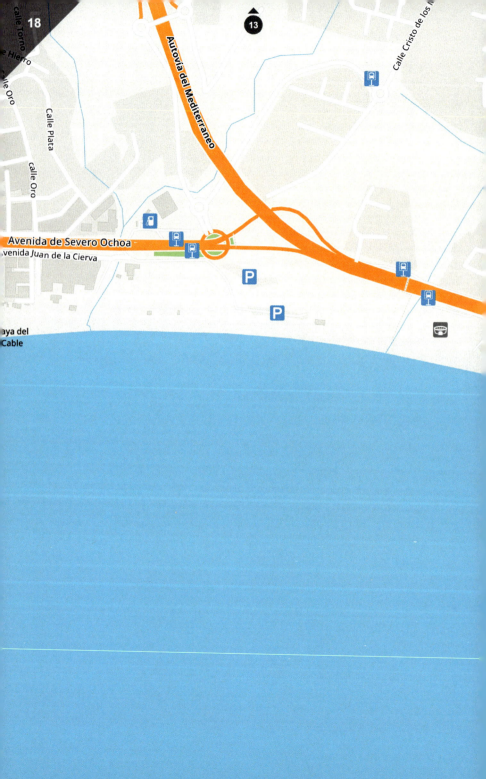

BASICS

Hello

Hola
ˈo.la

Good morning

Buenos días
ˈbwe.noṣ ˈði.as

Good evening

Buenas tardes
ˈbwe.nas ˈtaɾ.ðes

How are you?

¿Cómo estás? / qué tal?
ˈko.mo es.ˈtas? / ˈke ˈtal?

Fine, thank you

Muy bien, gracias.
mwi ˈβjẽn, ˈgra.θjas.

What is your name?

¿Cómo te llamas?
ˈko.mo te ˈja.mas?

My name is _____

Me llamo _____
me ˈja.mo

Nice to meet you

Encantado/a
ẽŋ.kãn̪.ta.ˈðo/a

Please

Por favor
poɾ fa.ˈβoɾ

Thank you

Gracias
ˈgra.θjas

You're welcome

De nada
de ˈna.ða

Yes

Sí
ˈsi

No

No
ˈno

Excuse me

Perdone
peɾ.ˈðo.ne

I'm sorry

Lo siento
lo ˈsjẽn̪.to

Goodbye

Adiós
a.ˈðjos

I can't speak ___ [well]

No hablo [bien] español
ˈno ˈa.βlo [ˈbjẽn] es.pa.ˈɲol

Do you speak English?

¿Hablas inglés?
ˈa.βlas ĩŋ.ˈgles?

I don't understand

No entiendo
ˈno ẽn.ˈtjẽn.do

PROBLEMS

Help!

¡Ayuda!
a.ˈju.ða!

Police!

¡Policía!
po.li.ˈθi.a!

I'm lost

Estoy perdido/a
es.ˈtoi̯ per.ði.ˈðo/a

Can I use your phone?

¿Puedo usar su teléfono?
¿ˈpwe.ðo u.ˈsar su te.ˈle.fo.no?

NUMBERS

1

uno
ˈu.no

2

dos
ˈdos

3

tres
ˈtres

4

cuatro
ˈkwa.tro

5

cinco
ˈθĩŋ.ko

6

seis
ˈsei̯s

7

siete
ˈsje.te

8

ocho
ˈo.tʃo

9

nueve
ˈnwe.βe

10

diez
ˈdjɛθ

20

veinte
ˈbein.te

30

treinta
ˈtrein.ta

40

cuarenta
kwa.ˈrẽn.ta

50

cincuenta
θĩŋ.ˈkwẽn.ta

60

sesenta
se.ˈsẽn.ta

70

setenta
se.ˈtẽn.ta

80

ochenta
o.ˈtʃẽn.ta

90

noventa
no.ˈβẽn.ta

100

cien
ˈθjẽn

1000

mil
ˈmil

DAYS

today

hoy
ˈoi

yesterday

ayer
a.ˈjɛr

tomorrow

mañana
ma.ˈɲa.na

Monday

lunes
ˈlu.nes

Tuesday

martes
ˈmaɾ.tes

Wednesday

miércoles
ˈmjeɾ.ko.les

Thursday

jueves
ˈxwe.βes

Friday

viernes
ˈbjeɾ.nes

Saturday

sábado
ˈsa.βa.ðo

Sunday

domingo
do.ˈmiŋ.ɡo

MONTHS

January

enero
e.ˈne.ro

February

febrero
fe.ˈβɾe.ro

March

marzo
ˈmaɾ.θo

April

abril
a.ˈβɾil

May

mayo
ˈma.jo

June

junio
ˈxu.njo

July

julio
ˈxu.ljo

August

agosto
a.ˈɣos.to

September

septiembre
sep.ˈtjẽm.bɾe

October

octubre
ok.ˈtu.βɾe

November

noviembre
noˈβjẽm.bre

December

diciembre
diˈθjẽm.bre

COLORS

black

negro
ˈne.ɣro

white

blanco
ˈblãŋ.ko

red

rojo
ˈro.xo

green

verde
ˈbɛr.ðe

blue

azul
aˈθul

yellow

amarillo
a.maˈri.jo

orange

naranja
naˈrãŋ.xa

LODGING

Do you have any rooms available?

¿Hay habitaciones libres?
¿ˈaj a.βi.taˈθjo.nes̺ ˈli.βres?

I will stay for _____ night(s)

Me quedaré _____ noche(s)
me keˈða.re _____ ˈno.tʃe(s)

I want to check out

Quiero dejar el hotel
ˈkje.ro ðeˈxar ɛl oˈtɛl

MOVING AROUND

How much is a ticket to _____?

¿Cuánto cuesta un billete a _____?
¿ˈkwãn̪.to ˈkwes.ta ũm biˈje.te a _____?

One ticket to _____, please

Un billete a _____, por favor.
ũm biˈje.te a _____, por faˈβor.

How do I get to _____?

¿Cómo puedo llegar a _____?
¿ˈko.mo ˈpwe.ðo jeˈɣar a ___?

...the train station?

...a la estación de tren?
...a la es.taˈθjon de ˈtren?

...the bus station?

...a la estación de autobuses?
...a la es.taˈθjon de au̯.toˈβu.ses?

...the airport?

...al aeropuerto?
...al a.e.roˈpwer.to?

EATING

Can I look at the menu, please?

¿Puedo ver el menú, por favor?
ˈpwe.ðo ˈβer el meˈnu, por faˈβor?

I would like _____

Quiero _____
ˈkje.ro ___

SHOPPING

How much is this?

¿Cuánto cuesta?
ˈkwan.to ˈkwes.ta?

expensive

caro
ˈka.ro

cheap

barato
baˈra.to

I don't want it

No lo quiero
ˈno lo ˈkje.ro

OK, I'll take it

De acuerdo, me lo llevaré
de aˈkwer.ðo, me lo je.βaˈre

Made in the USA
Monee, IL
30 August 2019